가난은 유통기한이 없다

시에시선 **089**

가난은 유통기한이 없다

한종훈 시집

詩와에세이

차례__

제1부

에스컬레이터 · 11
비혼 · 12
연이 · 14
악플 · 16
잠 좀 자게 해주세요 · 18
3월 진눈깨비 · 20
고물상 · 22
고독한 죽음 · 24
입춘 · 25
저녁 뉴스 · 26
12월 25일 맑음 · 28
비상(非常) · 30
어느 유품정리사의 방문 일지 · 32

제2부

새벽 배송 · 37
배달의 민족 · 38
스티커를 붙여주세요 · 40
도서관에는 계절이 없다 · 42
코로나19가 새치기했다 · 44
통증 · 46
다른 울음 · 48
컵라면이 불었다 · 49
완행열차 · 50
노을 속으로 날아가는 새 본다 · 52
상주역 · 54
가을비 · 56

제3부

내 집 마련 · 61

누수 · 62

연민 · 64

장미 · 66

향연 · 67

샛별 오름 · 68

유수암 상동 정류장 · 70

두고 오다 · 72

선배님 · 74

정취암 · 75

작명소 앞을 지나며 · 76

객실 · 78

제4부

닮은 것들 · 81
고양이 부자 · 82
유전(遺傳) · 84
달걀 한 판 · 86
아버지의 은행 · 88
구멍 난 문장 · 90
비 오는 날 · 91
자전거 타는 법 · 92
추석 · 94
보은 · 96
삼우제 · 98
할아버지 제사 · 100
강아지풀 · 101

해설 | 김정숙 · 103
시인의 말 · 119

제1부

에스컬레이터

사회생활은

가만히 있으면 돼

그럼

중간이라도 가

중간이라도 가려고

손잡이를 꽉 잡고

버티는데

내려갑니다

비혼

푸른 초원에서 뛰어노는 꿈을 꾸던 누렁이는
피 냄새가 소름 돋게 하는
어둔 곳에서
차례를 기다리고 있었다

안심, 등심, 업진, 채끝, 치마
등급을 나누고 가격을 매기고
새로운 이름표를 달고 줄줄이 진열되었다

한 뼘도 안 되는 빨간 펜으로
친한 친구에게도
숨긴 연봉부터
덮어놓고 모른 척한 마이너스 통장까지
A, B, C 등급 매기는 결혼정보회사

삼십삼 년 인생이 발가벗겨져
다음 달 결혼을 한다더니

미경산우* 1++ 등급 전문 취급
현수막 펄럭이는 식당 앞에서
울먹울먹 비혼을 선언한

누렁이
아니, 내 친구

*미경산우: 송아지를 낳은 경험이 없는 암소

연이

일 년에 한 번
오는

어린이날만 되면
연이의 눈은
보육원 문밖으로 달려나간다

어린이날에 데리러 온다고
인형 하나 쥐여주고
돈 벌러 떠난 엄마

인형의 솜이 터지고
바늘땀이 헐거워져도
보이지 않는
풍선이 부푸는 어린이날

햇빛 잘 드는 곳에는
옷 책 인형 블록 장난감 축구공

손길을 기다리는 층층이 쌓인 기부 물품들
눈으로 스윽 밟고

빼꼼, 담벼락을 붙잡고
엄마 얼굴 한번 보고 싶어

진땀을 흘리는

악플

예전 얼굴이 더 낫다
성형 수술비 부족하냐
악플러들을 고소한다는 연예인 기사가 뜨고

학부모의 반찬 투정으로
영양사는 앞치마를 벗고

배배 꼰 악성 민원으로
시청 공무원은 수의를 입었다

악플과 루머로
사람이 죽고 죽어

명복을 빌기 위해
키보드에 손바닥을 모아 합장을 하다가

동창이 대기업에 취직했다는 소식에
개 공부 못했잖아, 낙하산 아니야?

합장한 손바닥 다시 펼쳐
아, 아니면 말고

잠 좀 자게 해주세요

막힌 코에 걸린
숨이 끼이익 끽 급브레이크 밟는 소리를 내
밤새 잠을 설치다가
벌건 눈으로 허둥지둥 병원을 찾았다

콧물은 피가 섞여 빨갛던가요 초록색이던가요
입으로 숨을 쉬면 목이 붓습니다
술 담배 줄이시고
따뜻한 물 자주 드시고요
약 드시고 차도가 없으면 다시 오세요

30초 진료 영수증과 묵직한 약봉지를 구기고
차도에 섰다

빨간불에는 멈춰야 하고
초록불에는 건너야 합니다
비보호는 비보호입니다
규정 속도를 지켜야 합니다

술 마시고 운전을 하면 음주운전입니다

당연한 이야기가 당연하지 않을 때

빵, 콧물이 터졌다

3월 진눈깨비

개인 사정으로 가게를 정리하게 되었습니다
그동안 찾아주셔서 감사합니다

개학을 맞은 아이들의 종종걸음과 엄마들의 수다가
어우러지는 점심부터
흩날리는 눈송이를 맥주잔에 올렸다는 밤까지

땀 흘리며
몇 년 불 앞을 지키던
파주 형님

카레 속 재료가
양파인지 파인지 당근인지 감자인지
모르게 볶아야
풍미가 산다고

비가 잦을 때는 귀해서
날 좋을 땐 싱싱해서

비싼 양파 당근 감자 껍질처럼 겹겹 쌓인 고지서

천천히 와라

진상 단골 월세까지
마지막 풍미를 더했다

남녘에서는
노오란 산수유가 피고
활짝 축제가 열린다고 했다

고물상

김 노인은 아침부터 뜨겁다

햇볕에 지글지글거리는 땀에
벌겋게 달아오른 쨍그랑 소리

폐지는 몸을 적셔주고
돈 안 되는 것들은 태우는 중이다

찔끔 쏘면 불이 꺼지나
밤일도 시원찮은가벼
저짝 구멍으로 엉덩이 힘 빡 주고 쏴야 혀

신고를 받고 찾아온 젊은 소방관에게 농을 던진다

딸기도 사과도 빨갛게 익어야 맛있지
피도 빨간색
참전할 때 내 명찰도 빨간색
빨강이 최고여

길 건너 선거 유세장을 향해 삿대질을 하더니

먼저 간 아내의 사진을 들고
사는 것도 전쟁여
여보, 쪼매만 기둘려 쓰레기만 몽땅 태우고 갈게잉

마당의 불이 조용히 식어가고 있었다

고독한 죽음

도둑 든 것마냥
널브러진 방

살점이 뜯긴 돼지 저금통
바닥에 나뒹구는 약봉지들

돈이 될 만한 것은 눈을 씻고 봐도 없다

자식과 연을 끊고
혼자 살아온 노인

두 손 포개어 합장하듯 쥔 주민등록증
그리고
봉해진 하얀 유서

액자 속 웃는 가족들
바닥에 엎어져 조문을 한다

입춘

은행나무 가지 끝에
하얀 눈꽃이 핀 성지병원 골목

유치원이 있던 건물 벽에는
오픈 현수막이 펄럭이는 노인 유치원이 들어서

기저귀를 찬 노인 유치원생들이
유모차를 끌고 다닌다

국화꽃이 바스락거리는 장례식장과
울지 않는 신생아실의 거리는
병원의 끝과 끝

내일이 입춘인데
은행나무 가지 끝 얼어붙은 눈꽃도
쉽게 녹을 생각이 없다

저녁 뉴스

내부 괴롭힘은 절대 아닙니다

끈질긴 변명에
군화 끈으로 세상을 잠근
김 일병은 말이 없다

수술 받으면 건강해질 겁니다

척추가 아파 엎드려 있던 환자는
의사 얼굴 한 번 보고
간호사 손에 수술이 끝났다

우리 목사님은 성경을 삼천 번 읽으셨어요

믿음이 부족하다는 이유로
십자가 뒤에서 추행당한 소녀

양심은 사라지고 앙심만 남았습니다

앵커의 마지막 멘트,
이것은 일부의 문제입니다

12월 25일 맑음

박스 안에 누군가 몰래 넣은 감자가 있는 걸
알기나 하는 듯이
손수레에 산처럼 높이 쌓은 종이 박스를 싣고 가는
노인의 발걸음은 가볍다

경찰이 제지하며 벌금을 내라는데
가난은 사람의 말을 알아듣지 못한다

엄마와 아들의 희망은
휴전선 너머 볕 잘 드는 남쪽에 있었다

그저 배만 채우면 된다
두 목숨을 걸었는데
배 속에 곰팡이가 피었다

가난은 유통기한이 길지만 여는 순간 상한다

간단한 심부름 값 20만 원,

보이스피싱 전달책 인턴으로 취직하고
하루살이 청년 생기가 돌았다
눈덩이처럼 커진 합의금 앞에 눈을 질끈 감았다

가난은 캄캄한 이자가 달라붙는다

서로가 서로에게 산타라는
비정규직 신랑 신부의 결혼식장에서 읽은 기사

캐럴 소리까지 담은 뽀얀 봉투를 건네고
배불리 먹은 뷔페에도 허기가 진다

가난은 어느 누구에게도 선물이 아니다

비상(非常)

공항에는 사람보다 새가 더 많았다

비행기의 날개는 멈췄고
방역에 방해가 되는 것들 모두 묶였다
코로나19에 고꾸라지고 망가지고 움츠러든 것들은
서로를 잘 알아서 한데 모여 있다
공항 바닥을 반짝반짝하게 닦던 청소부
밝게 웃음 짓던 승무원
여행의 두근거림을 팔았던 면세점
잔뜩 상기된 얼굴로 지났던 게이트
반가움으로 왁자하던 입국장
다시 만날 것을 기약하며 눈물 흘리던 출국장
모두 닫혀
불 꺼진 전광판 앞
서로를 백신 삼아 몇몇이 조용히 모여 있다
무기한 무급 휴직 문자에
공항 한쪽 비행기는 날개를 펴지 못하고
가장 익숙했던 것들이

가장 아픈 것으로 변해가는 중이다
날갯짓을 어떻게 했나
어디서부터 잘못됐는지
어디에서 답을 찾을 수 있을지
또 다른 방식으로
날기 위해
해외로 나들던 승무원은 외국어를 가르치는 강사로
게이트를 지키던 직원은 민간 회사로
기내직 승무원은 철도 승무원으로

다시 비상(飛上)

빈 활주로를 빙빙 도는
새 떼는 날갯짓을 멈추지 않는다

어느 유품정리사의 방문 일지

혼자 사는 노인 집 문고리에는
아침마다 하얀 수건을 걸어둔다

하얀 수건이 보이지 않으면
노인에게 무슨 일이 생긴 거다

젊은 죽음은 무겁다

문틈 사이로 빼곡히 박힌 흰 봉투
코를 찌르는 냄새

얇은 벽 하나를 사이에 두고도
한 젊음이 저문 걸
아무도 몰라

체납 고지서가 수거한
서른둘,

한 장에 적힌 이력서가
너무도 짧아

옷걸이에 걸어둔
검은 넥타이가 바닥에 툭 떨어진다

제2부

새벽 배송

이른 아침 부고 문자를 받았다

새벽 택배 알바를 하다가
세상을 떠난 친구

두어 달 남짓
저녁 열 시에 출근해
저녁 여섯 시에 퇴근을 했다

동이 트기 전
서둘러 문상을 마치고 돌아서는데

 택배입니다 비가 너무 많이 오고 졸려서 오늘은 도저히 안 되겠습니다 내일 새벽 꼭 배송해드리겠습니다

 잠들지 못한 문자가 운다

배달의 민족

형은 폭염을 가로지르며 바퀴를 굴렸다

아, 죄송합니다
음료를 쏟았습니다

방지턱을 넘을 때
쏟아지는 얼음 소리가
철렁,
형의 마음도 흘러내렸을 것이다

고개 숙이며 헬멧을 벗자
땀이 흘러내렸을 것이다

쏟은 음료 대신
커피 한 잔을 더 만들었다
형이 계산한다는 쪽지와 함께

그리고

지역 신문에 실린
음주 차량에 치어 사망한
이름 석 자

여전히
길 어딘가에서
형은 바퀴를 굴리고 있을 것이다

스티커를 붙여주세요

양말도 신지 않았는데
슬리퍼 바닥조차 종잇장처럼 얇아
차가운 기운이 발바닥을 감아 돌 때

발걸음을 멈추게 한
사진 한 장

스티커를 붙여주세요!

맨발의 사막 아이가
구김살 하나 없는 하늘
땡볕 아래
구정물 한 통 머리에 이고 있다

월 4천 원으로 깨끗한 물을 마시게 도와주세요!

면접 떨어질 때마다
냉장고에 넣어둔 책을 안주 삼아

스프가 말라붙은 라면 컵으로
비운 소주병

주머니 속 사천 원이 바스락거린다

도서관에는 계절이 없다

봄볕이 속수무책 흔들어 대도
열람실에 박혀 있는
공시생은
두꺼운 스웨터로 몸을 감싼 채
꿈쩍도 하지 않았다

거리 두기 연장, 연기되는 시험, 인원 축소, 경쟁률 증가
벌써 세 잔째 마신 커피
부모님 얼굴의 주름살이 일렁인다

시간은 수험생을 먹어 치우고
수험생은 시간에 갇힌
수인(囚人)의 일상

숫자로 말하는 경쟁, 수험 번호로 대신하는 이름
합격 불합격만 존재하고 실패와 성공만 이야기하는
돈으로 환산되는 인생

지우개로 지우는 틀린 답보다
나를 지우고 싶을 때
주위 사람들에게도 점점 지워진다는 걸 몰랐다

터져 나오는 기침을 움켜쥐고
화장실 갔다 돌아온 자리
커피 한 잔이 따끈하다

열람실 밖 하얀 벚꽃이 속수무책 흩날리지만
서로가 서로의 봄이다

도서관에도 계절이 있다

코로나19가 새치기했다

밤을 꼬박 새우며 마신 자판기 커피가
흰 셔츠에 튀었을 때
이번 면접도 망했구나 싶었다

한 달에 한 번 받는 알바 월급보다
토요일마다 터지는 로또, 아침부터 열리는 주식 시장
24시간 쉴 새 없이 돌아가는 코인이
손을 잡아당기는

내 집 마련은 꿈속 일이다

고시원에서 오래 산 형의 울음소리에
자주 뒤척이는데

어른들은 요즘 젊은이들이 아기를 낳지 않아서
큰일이라고 혀를 쯧쯧, 찬다는데

확진자 숫자와 2주 간격으로 바뀌는 거리 두기 방침

보이지 않아 더 무서운 바이러스는
빠르게 퍼져 나가고

단기 대출 월세 렌트 알바 학자금 실업
주인 없는 짧은 단어들이 여전히 발목을 잡고
마스크로 봉인된 입은 아무런 대꾸도 하지 못한다

내 차례는 한참 밀렸다

통증

살 속 깊이 파고들더니
잠 속까지 파고들어
기어코
내성 발톱에서 고름을 쭉쭉 뿜어내

까짓것
하나 정도 없으면 어때
이 악물고 생 발톱을 뽑아 버린 뒤
부장의 한마디에 발가락이 웅웅 소리를 냈다

남들은 과장 달고 연봉 쭉쭉 오르는데
김 대리는 나이 먹고도 제대로 할 줄 아는 게 없네
그렇게 딱딱하면 사회생활 힘들어

그때 그 발톱은
어딘가에 분명 버렸는데

이상하다

왜 고름은 멈추질 않나

저 깊고 축축한 곳, 닿을 수 없는 영역에서
울음이 툭툭 터져 나온다

다른 울음

실적에서 밀리고 승진에서 누락된 뒤
결국 퇴사하여
조카의 등하원 보조가 되었다

집으로 뛰어가던 조카가 넘어졌다
빼앵, 울음 몇 방울 흘리더니
무릎을 탈탈 털고 일어난다

엉덩이 먼지를 털어주고
아프면 막 울어도 된다고 했더니

나는 유치원 언니야, 언니는 울지 않아
훌쩍 그치고는
기우뚱, 뛰어간다

아이야, 어른도 넘어지면
가끔 운단다

컵라면이 불었다

컵라면에 물을 붓고 김치를 찾다가
티브이 맛집에 꽂혔다

랍스터 안창살 송로버섯
눈으로 흔하게 보던 귀한 음식들

우리 식구가 사는 시골집 방보다 화장실이 많은
혼자 산다는 집

기름이 새는 내 차보다 비싼
유모차 구경도 하다가

문득 열어본 서랍 속
유효기한이 지난 여권은
푸른곰팡이가 새 주인이 되어 있었다

눈으로 허기를 채우는 동안
컵라면이 퉁퉁 불었다

완행열차

집으로 가는 기차는
너무 춥고
도깨비들만 우글거린다

집은 너무 멀리 있다

번번이 구둣발에 채여
언덕에서 굴러떨어지지 않으려고
도망친 길에서
나를 붙드는 시시포스

등 뒤에서 철없이 녹아내리는 희망에 젖는다

밤은 외눈박이
어둠은 도깨비를 낳기 좋다

나는 도깨비가 되기 위해 태어났는가

집은 너무 멀고
기차 안은
너무 추워서
도깨비들만 우글거린다

노을 속으로 날아가는 새 본다

책을 반듯이 읽어라

차주임 정대리 박인턴 이름으로
하루가 너무 짧게
살아가다가
형과 아우 친구가 되어 퇴근하는

해 질 녘

숨길 터줄 곳을 찾는데

귀하를 모시지 못해 죄송합니다
사회적 거리 두기
또 연장
반복되는 문자 메시지 달라붙어

다가갈 수 없는
마음의 거리

소주잔까지 무거우면 쓰나

차별 차이 갈등 격차 날갯짓으로 허물어
중심 잡아 날아보라고

노을 속으로
나는 새 본다

책을, 반드시 읽지는 않는다

상주역

22시 01분, 무궁화호 문이 열렸다

굽은 등을 하고 왼발 오른발 뒤뚱거리며
기울어진 세월을 부려놓는 할머니

골 깊은 주름 구겨진 셔츠
목을 묶은 넥타이
땀내 새어 나오는 중년 아저씨

그리고

제 몸보다 큰 가방
학점과 토익, 자격증, 스펙에 짓눌려

한쪽 의자에 기대어
눈을 감는 서른

서로 말은 안 해도

타고 내리고 도시로 변두리로

가쁜 숨 몰아쉬며 기차가 또 기적을 울린다

가을비

주식 고급 정보 원하면 1번 답장주세요
청년 전월세보증금 금리가 변동되었습니다
카드 결제 금액 명세서가 도착했습니다

향일암 오르는 길
허리를 붙잡고 따라오는 너

가파른 돌계단
한 걸음 두 걸음 걸을 때마다
열 걸음 스무 걸음 휘청거린다

나무들 춤사위도 바람의 목청도
잦아들어 고요한데
살겠다고 살아보자고

악착같이
휴대폰 우는 소리 들릴 때

절 고양이 한 마리
기지개 켜듯 젖은 몸을 쭉 뻗으며
마당을 고요히 가로지른다

잡념도 불안도 단풍 물이 들겠다

제3부

내 집 마련

하얗게 파마한 벚나무에
낯선 새가
갈색 둥지로 머리핀을 끼워 넣었다

겨우내 책들이 고요히 잠든
도서관 한쪽

공사장 흙먼지로 지은
내 이름의
시집 한 권 끼워 넣었다

누수

집이 낡아서일까
비가 조금만 내려도
자꾸 울어
눈길 닿는 곳마다 흥건하다

벽을 적시고 장판을 물들이고 배관을 허물고
천장을 뚫는다

몇백만 원에 이름만 빌려주곤
보증금도 나 몰라라 하던
집주인을 찾아갔다

집이 아프다고

아뿔싸, 골치 아픈 철학을 전공해
직장 하나 없이
집안의 골칫거리가 된

나같이
하자 있는

낡은 집이 더 서럽게 운다

연민

사랑을 좇았던 눈망울은
꺼진 지 오래

컹컹, 깨지고 부서진 울음이
철창에 부딪혀 공허하게 흩어졌다

아이들이랑 눈 마주치지 마시고요
가까이 가거나 만져도 안 됩니다

유기견센터 관리자는
서늘한 경고를 연거푸 날렸다

다시는 찾아오지 말아야지

낮 동안 끓었던 마음을 식히는
늦은 저녁
문자가 먼 길까지 따라나왔다

두 번 이상 파양 당한 아이들이 많습니다
자칫하면 아이들에게 또 상처가 되기에
거리를 두었습니다

한 번 끓었다 식어
다시는
끓지 않는
내 연민도 일회용이었다

장미

꽃병에 꽂힌 장미가
며칠 동안 방을 진한 향기로 채웠지만
날이 갈수록
잎이 축 늘어지고 시들시들
이파리는 갈색으로 변하고 향기마저 희미해지더니
바람도 없는데
꽃잎 떨어지는 순간조차 애처롭다
그만 버려야겠다 움큼 뽑는데
가시에 찔렸다
붉은 꽃잎이
손가락에서 다시 피어난다
향기를 좇고 예쁜 것만 찾았는데
최후의 순간에도
가시를 곧추세우는
저 장미처럼
끝까지 사랑할 줄 몰랐다

향연

철학을 전공했다고 했다

어디에다 써먹는 거냐고 묻기에
플라톤의 『향연』을 주려고 샀다

며칠 뒤
홀아비 냄새가 찌든 방안에
새콤한 겉절이와 금방 무친 콩나물, 깻잎 반찬까지
그리고
두부 숭덩 썰어 넣은 청국장이 뜨거워

플라톤을 냄비 받침으로 썼다

콩이 책에 떨어져
구수한 향연이었다

샛별 오름

새벽 공기를 밟으며 한라산 자락 오름에 올랐다

바람에 흩날리는
푸른 들불 너머 발아래 펼쳐진
손바닥만 한 애월

멀리서 반짝이는 어선이
길 없는 바다를 고요히 헤엄치고

흰 구름을 휘저으며
새들은 하늘에 그림을 그린다

저들의 여유에
문득

돌아볼 줄 모르고
펼치면 더 긴 길인 줄도 모르고

앞으로만 가면 되는 줄 알았다
사는 것도 그랬다

유수암 상동 정류장

결국 단 한 걸음 내디딜
길을 잃었다
그리고
기다리던 버스를 기우뚱기우뚱 지나 보내고
무작정 걸었다
남들 따라 세상 따라 속도에 떠밀려
너무 멀리 왔다
늘어선 자동차들에 끼어
여유를 가질 카페도 찾지 못하고
한 발 기우뚱
또 한 걸음 절룩
떠나버린 버스를 향해 손을 흔들다가
빨래 널던 이웃에게 인사를 건네다가
손에 쥔
재난 문자들
꼬이는 스텝에도
웃어 보이며
유채꽃에 한 번 더 눈길을 준다

코로나19 브레이크에 또 길을 잃은 건가
얼기설기 모난 돌담
바람 소리 휘돌아 나가다가
저만치
할머니 한 분
느릿느릿
허리 구부러진 정자나무가 재촉해도
단 한 걸음
내디딜 길이 보이지 않는다

두고 오다

우기에 찾아간 베트남
툭 하면
비를 쏟아낸다

오다 말다
우비를 입었다 벗었다
우산을 펼쳤다가 접었다가
호텔 식당 카페 여기저기 두고 다녔다

필요한 사람이 쓰겠지

돌아가는 날에야
맑아진 하늘이
잘 놀았냐고
잘 가라고 약을 올리는데

두고 온
우산과 우비처럼

좋은 날씨도 두고 간다

필요한 사람이 쓰겠지

선배님

조카 유모차 끌고

엘리베이터 버튼을 누르려는

찰나

텅 빈 유모차 끌고

출입문을 잡아주는

손끝

할머니

정취암

어디로 가야 할지 모를 때
정취암으로 간다

구불구불한 길
벼랑 끝에서 절을 올린다

괜찮다고, 고생 많았다고 토닥이는
관음의 묵언

춥고 아플 때마다
어머니 말씀 두 손 모아 듣는다

괜찮아, 니 마음 가는 데가 길이야

꽃 한 송이 올린다

작명소 앞을 지나며

다시 태어난다면 금수저로 태어나고 싶어

내 이름 석 자
높은 공을 세운다는데

햇빛 한 움큼 만질 수 없는 반지하 방이 불안해

낡은 전등 맥없이 깜빡이는 도서관이
희망이라고

바라보기만 해도 기운 빠지는 면접관이
도전이라고

늦은 밤마다 아르바이트 달에 끌려가는데
아직 청춘이라고

아무래도 이름을 잘못 지었어

미래작명소 간판 아래
푸른 수국이 고개를 떨구고 있다

객실

어, 아들 양복값 두고 간다
반찬 냉장고에 넣었어 고시원 반찬 지겹잖아
전화 자주 좀 해

눈 내리는 12월
기차가 기적을 뿜어내는 틈새
옆 좌석에서 들리는

전화 속 긴 숨결이
기차 객석을 가득 채웠다

안과 밖 풍경이 달라
뿌연 창문에
입김을 불어
고시원에 산다는 남자를 그려보았다

성에가 사르르 녹으니
퀭한 나도 보였다

제4부

닳은 것들

뾰족한 연필 부드러워지고

딱딱한 비누 매끈해지고

빡빡한 신발 편해지고

뻣뻣한 책 보드레지고

우리 엄마 무릎

삐걱거리고

고양이 부자

불빛이 간간이 들어오는
자동차 밑

울어대던 고양이들
이내 잠잠하다 싶었는데

어미가 새끼의 몸을 촉촉하게 핥고 있다
턱을 핥고 눈을 핥고
뱃구레부터 생식기까지

코가 막혀 울어대던 어린 아들의 콧물을
입으로 쭉 빨아냈던 아버지
이식 받은 신장을 안고 누워 있다

아들은 젖은 수건으로 등이며 엉덩이
그리고
축 처진 아랫도리까지

축축하도록 닦았다
아버지의 마음까지

유전(遺傳)

농사에 때가 따로 있겠냐
해 덜 쬐고 비 안 오면 하는 거라
농사 그거
아무나 하는 거 아이라
아버지도 할아버지 돌아가시고 나서 이제야 겨우 하는 거라
뭐 알아여
영 방거치라
순 치고 풀약 치고 알 솎고 봉지 씌우고
때 되면 물 주고 열매 따고
상중하 나눠 담고 즙도 짜고
더울 때 일이 젤 많아여
땀이건 포도건 주렁주렁 달리여
나무가 너무 낮아여
허리 한번 숙이면 새참 먹을 때까지 피지도 못해여
우리 집안 얼굴 시커멓고 키 작은 거
다 포도 농사 때문이라
근데 일 좀 할라고 폼 잡으면 꼭 비가 와여

내가 어쩌다 할아버지 포도밭에 가거든
그라믄 기다렸다는 듯 꼭 비가 와여
오죽하믄 할머니가 고개 저으면서
농번기 때 니는 제발 오지 마라 했겠나
비 와서 일 못 한다고
너도 방학 때 어쩌다 일손 거든다고 오믄
마른하늘에 천둥 치고 소나기 내리잖아
그거 다
우리 집안 어른들이 내려주는 비라
손주 허리 숙이지 말고 그늘막 가서 쉬라고
그거 다
유전 아니면 뭐라

달걀 한 판

　첫 휴가 복귀 때 할매가 선임들이랑 노나 먹으라고 김이 모락모락 나는 달걀 한 판때기 삶아줬어 그때는 달걀이 얼마나 귀했는지 한 알 두 알 먹다 보니 맛있는 기라 부대 가는 기차에서 혼자 다 먹었지 뭐라 할매가 그때 몸이 마이 안 좋을 때라 목이 메도록 우걱우걱 연거푸 우걱우걱 아이고, 그런데 밤새도록 방귀가 뿡, 뿡, 냄새는 또 얼마나 고약해여 새벽에 불이 딱 켜지더니 어떤 새끼라? 고참이 고함치는데 이병! 한, 순간 주먹이 날라왔어 퍽, 퍽, 달걀 깨지듯 얼굴이 왕창 깨졌지 뭐라

　턱이 빠지도록
　배가 터지도록
　얼굴이 깨지도록
　꾸역꾸역 밀어 넣는
　어머니가 싸 주신 달걀장조림

　내 나이
　서른

퍽퍽한
달걀 한 판

아버지의 은행

태풍 지나간 길가에 널린 은행이
발길을 멈춰 세운다

어느 늦가을
아버지가 웃절 은행 한 보따리 주워 오셨다

코를 찌르는 냄새에 멀리 물러섰는데
아버지는 맨손으로
짓이겨 씻고 또 씻어 가을볕에 말리셨다

잔기침 사르르 사라진 뒤
아이의 눈에
은행은 얼마나 눈부셨던가

일평생 세상 악취를 마다하지 않으셨던
아버지

이제는 병이 깊어

누렇게 늙어가신다

태풍이 훑고 지나간 자리
은행이 돌탑으로 쌓여 있다

구멍 난 문장

구멍 난 이불을 덮었다
한 문장 쓰다가 '구멍 난'을 지우는데

밥은 먹었나,
어머니 전화가 냉장고를 훑는다

쉰내 나는 김치
곰팡이 낀 장조림
말라버린 피자 조각

그리고
바람 소리 나는 소주병

그럼, 뜨끈뜨끈 쌀밥 해서 삼겹살 구워 먹었지

쓰다 만 문장을 마저 채운다

구멍 난 마음을 덮고 또 덮었다

비 오는 날

백발의 할아버지가
낫살이나 든 아들의 휠체어를 느릿느릿 민다

땀인지 비인지
얼굴이 젖었는데
쭈그렁 손으로 아들의 이마를 먼저 닦는다

밤새 열이 올라 끙끙 앓다가
병원에서 진찰 받은 처방전을 구겨 넣고 나서는데

눈이 퀭한 아버지
어느새
우산을 펴고 걸어오신다

자전거 타는 법

자전거를 배울 때 자꾸 넘어져 울었다

이른 아침부터
모두 잠든 새벽까지 나를 굴렀다

넥타이 대신
목에 감긴 체인이
실적, 성과로 조여 오고

마이너스 통장에 코피와 더께가 쌓여
피로에 가로막혀도
빨갛게 충혈된 두 눈이 멈춰 세워도

다른 사람이 앞지를까
삐끗, 또 넘어질까
조바심이 났다

권고사직 당한 선임처럼 될 순 없으니까

정글 같은 회사에서 발버둥 칠수록
혼이 빠져
바퀴는 헛돌고
한쪽으로 치우쳐도 핸들을 차마 놓지 못해
더 깊은 수렁으로 빠져들었다

뒤에서 물끄러미 지켜보던 아버지
왼발, 오른발,
숨을 골라야
중심을 잃지 않는다고 하셨다

가끔은 멈춰 서서
달려온 길을 돌아보는 것도
자전거를 잘 타는 방법이라 하셨다

사람도 그렇다고 하셨다

추석

두어 달 만에

집에 가는 날

아버지의 어깨가 기울어진다

기차역에서 내려

시장길 걸어가는데

커다란 우산이 자꾸 내 쪽으로 기울어진다

어머니의 어깨가 기울어진다

저녁 밥상을 마주하고 앉았는데

고기랑 잡채랑

자꾸 내 쪽으로 기울어진다

일평생 달은 아래로 기운다

보은

 어쩌다가? 이 정도면 뭐 아는 공업사 가서 기스만 지우면 되긋네 어디서 놀러 오신기라? 세종? 우리 둘째 아들 내미도 세종 사는데 근디 말씨가 경상도 같아여 어디 사람이라? 으에? 상주? 나도 상주라 상주 어디라? 시내? 나는 화령이라 아이고 10만 원만 주고 보험 처리하지 말아 쁘 괜히 귀찮아지여 나중에 보험료도 비싸지고 슥슥 지우면 그만이라 그래그래 놀러 왔어? 바로 앞 국숫집은 별로라 맛없어 안쪽에 돼지고기 파는 데가 더 맛나여 온김에 보은 사과대추 좀 사가 달큰하니 맛 좋아여

 집에 와서 곰곰이 생각을 해보니까 이 정도 기스 가지고 돈 받은 게 영 미안해서 안 되겠어 우리 아들 같은디 꼭 문자로 계좌 좀 보내줘요 돈 돌려 드릴라고 마음이 영 파이라

 서로 괜찮다고 괜찮다고 전화 통화를 늘어지게 하고 나니 상주에서 도착한 문자 한 통, 쌀 보낸다는 아버지께 서둘러 전화드린다 그런 일이 있었어? 한 이십 년 전인가

우리 차도 젊은 총각이 박았잖아 너 기억나나? 그때 젊은 총각 갸도 보은 애였던 거 같은데 그냥 괜찮다고 겁 잔뜩 먹은 그 총각 커피 한 잔 멕이고 보냈잖아

삼우제

우리 할아버지 먼 길 가신다

가슴에 훈장처럼 매달렸던 빛바랜 카네이션
마당을 가로지르는
늘어진 빨랫줄
먼지를 뒤집어쓴 채 바스러지는 칠순 잔치 꽃다발
목이 노랗게 해진 잠바
벽장에 흐릿한 이름이 빼곡히 적힌 전화번호
삐뚤빼뚤
수의를 닮은 누런 수첩
삭아서 구멍 뚫린 손주 초등학교 입학 책가방
숨이 빠져나간 자전거 바퀴
아귀가 맞지 않아 한쪽 문이 닫히지 않는 장롱
윗목에 모서 놓고 끝내 덮지 못한 이불
주름처럼 갈라지고 찢어진 장판
그리고
포장도 뜯지 않은 양말 상자에는
먼저 가신 할머니 꽃버선 한 짝

차례차례 무릎을 꿇는다

시골집 마당에 불을 피운다

할아버지 제사

제법 이가 나 고기도 뜯고
말도 우물우물 씹을 줄 아는
세 살 조카

제사상에 피운 향을
있는 힘껏 불고 있다

눈이 매워 울먹이는 조카에게
잘 익은 수육을 주니
우물우물
왜 촛불이 꺼지지 않느냐고 묻는다

울컥,
할아버지 얼굴이 피어오른다

강아지풀

로또1등 사업안정 수능대박 청약당첨

천태산 천 년 은행나무 아래

울긋불긋 종이꽃 한데 모여 펄럭이는데

손이 닿지 않아

발돋움하는

초등학교 1학년 재이의 소원

"밥이랑 마라탕 마니 목개 해 주세오"

해설

가난의 무게, 시시포스가 밀어 올려야 할 희망

김정숙(문학평론가 · 충남대학교 교수)

  시는 사회와 인간에 대한 날카로운 통찰을 통해 억압된 목소리를 대변하고 부조리한 현실을 직시하게 한다. 한종훈 시인의 첫 시집 『가난은 유통기한이 없다』는 제목에서 짐작하듯 가난이라는 문제의 지속성과 고통의 무한성을 함축적으로 표현한다. '유통기한이 없다'는 단언은 자본주의 시대를 살아가는 사회적 존재가 지닐 수밖에 없는 숙명처럼 다가온다. 시인은 가난은 저절로 사라지거나 시간의 흐름에 따라 해소되지 않는, 오히려 개인과 사회가 지속적으로 직면하고 해결해야 할 고질적인 문제임을 시편들을 통해 다층적으로 보여준다. 시인이 목도한 가난은 사람이 태어나고 생을 마감할 때까지 전 생애에 걸쳐 전방위적으로 짙게 드리워져 있다.

  박스 안에 누군가 몰래 넣은 감자가 있는 걸

알기나 하는 듯이
손수레에 산처럼 높이 쌓은 종이 박스를 싣고 가는
노인의 발걸음은 가볍다

경찰이 제지하며 벌금을 내라는데
가난은 사람의 말을 알아듣지 못한다

엄마와 아들의 희망은
휴전선 너머 볕 잘 드는 남쪽에 있었다

그저 배만 채우면 된다
두 목숨을 걸었는데
배 속에 곰팡이가 피었다

가난은 유통기한이 길지만 여는 순간 상한다

간단한 심부름 값 20만 원,
보이스피싱 전달책 인턴으로 취직하고
하루살이 청년 생기가 돌았다
눈덩이처럼 커진 합의금 앞에 눈을 질끈 감았다

가난은 캄캄한 이자가 달라붙는다

서로가 서로에게 산타라는
비정규직 신랑 신부의 결혼식장에서 읽은 기사

캐럴 소리까지 담은 뽀얀 봉투를 건네고
배불리 먹은 뷔페에도 허기가 진다

가난은 어느 누구에게도 선물이 아니다
─「12월 25일 맑음」 전문

  시인은 가난의 무게를 형상화한다. 서정적이면서도 차분한 언어를 통해 가난의 가혹한 현실을 담담하게 이야기하고 있다. 현대 사회에서 '가난'이 한 사람의 삶에 얼마나 깊숙이 자리하는지, 그로 인한 고통과 소외가 얼마나 큰지를 묘사하고 있다. 이는 특정 계층의 문제가 아니라 사회 구조적 모순과 억압의 결과임을 보여준다. "유통기한이 길지만 여는 순간 상"하는 가난은 오랜 시간에 걸쳐 사람을 서서히 잠식하지만, 실제로 그 고통을 직접 맞닥뜨릴 때는 가난을 벗어나려 애쓰는 보이스피싱 전달책처럼 결국 자기 파괴적이 된다.
  "눈덩이처럼 커진 합의금"이나 "감감한 이자가 달라붙는" 가난이 감당할 수 없는 짐으로 커져간다. 가난은 일

상의 굽이에서뿐만 아니라 '어린이날', '12월 25일 크리스마스', '결혼식', '장례식'과 같은 시간에 더욱 비참하게 드러난다. 곧 "가난은 어느 누구에게도 선물이 아니다". 크리스마스라는 '선물의 날'에도 가난이 주는 고통에는 위안도, 구원도 없다.

그러므로 사람의 삶이 가난의 '생애 주기'에 따라 더욱 비참해진다는 말은 지나치지 않다. "어린이날에 데리러 온다고/인형 하나 쥐여주고/돈 벌러 떠난 엄마"(「연이」)를 기다리는 연이는 어린이날만 오면 "담벼락을 붙잡고/엄마 얼굴 한번 보고 싶어/진땀을 흘"린다. 우리 사회에서 아이가 처한 현실은 "구김살 하나 없는 하늘/땡볕 아래/구정물 한 통 머리에 이고 있"(「스티커를 붙여주세요」)는 맨발의 사막 아이에게도 연결되어 있다. '구김살 없는' 삶을 기대하지만 그럴 수 없는 어린아이들이 놓인 처지와 막막함에 슬프다.

청춘에게도 가난은 무겁다. 엠마누엘 레비나스는 "비결정적이고 비대칭적인 그 무엇"의 존재를 타자로, 그리하여 인과적 기호 안으로 흡수되지 않는 "의미의 텅 빈 자리"를 타자성으로 명명한다. 한우의 등급에 새로운 이름을 붙이듯 결혼정보회사는 사람의 "등급을 나누고 가격을 매기고"(「비혼」) 사람들을 줄줄이 시장에 진열한다. "푸른 초원에서 뛰어노는 꿈을 꾸던 누렁이"는 '안심, 등심, 업진, 치마' 등급으로 상품화되고, 친한 친구에게도 숨긴 연봉과 마이너스 통장까지 빨간 펜으로 A, B, C 등급으로 매겨진 '내 친구'는 타자화되어 간다.

고시원, 도서관, 비정규직 신랑 신부의 결혼식장, "시간은 수험생을 먹어 치우고/수험생은 시간에 갇힌/수인(囚人)의 일상"(「도서관에는 계절이 없다」)을 견디며 사는 화자는 환한 봄볕에도 두꺼운 스웨터로 몸을 감싼 채 도서관 열람실에 박혀 있는 공시생이다. 코로나19로 '거리 두기가 연장되고, 연기되는 시험과 인원 축소, 경쟁률 증가에 부모님 얼굴의 주름살'을 떠올린다. 수인의 일상에 갇힌 화자의 상황은 감염병과 안정된 직장을 얻기 위한 기대와 불안의 감정으로 인해 스스로 안에서 문을 잠근 수형 생활을 떠올리게 한다. "숫자로 말하는 경쟁, 수험 번호로 대신하는 이름/합격 불합격만 존재하고 실패와 성공만 이야기하는/돈으로 환산되는 인생" 속에서 '나'는 사라지고 주위 사람에게서도 점점 지워져 간다. 사회의 경제적 불평등은 이제 일상어가 될 만큼 무감해지고 있는 것이다.

형은 폭염을 가로지르며 바퀴를 굴렸다

아, 죄송합니다

음료를 쏟았습니다

방지턱을 넘을 때
쏟아지는 얼음 소리가
철렁,
형의 마음도 흘러내렸을 것이다

고개 숙이며 헬멧을 벗자
땀이 흘러내렸을 것이다

쏟은 음료 대신
커피 한 잔을 더 만들었다
형이 계산한다는 쪽지와 함께

그리고

지역 신문에 실린
음주 차량에 치어 사망한
이름 석 자

여전히
길 어딘가에서

형은 바퀴를 굴리고 있을 것이다
—「배달의 민족」 전문

  이 시는 배달 노동자의 삶과 그 속에 감춰진 고단함, 그리고 사회적 비극을 날카롭게 묘사하고 있다. '형'은 "폭염을 가로지르며 바퀴를 굴"리는 배달 노동자로, 뜨거운 날씨에도 위험을 무릅쓰고 열심히 일을 이어가지만 결국 "음주 차량에 치어" 목숨을 잃게 된다. "방지턱을 넘을 때/쏟아지는 얼음 소리"는 단순히 음료가 쏟아진 상황을 넘어, 배달 노동자가 겪는 어려움과 그의 불안정한 일상을 상징적으로 드러낸다. 그가 "헬멧을 벗"으며 흘리는 땀방울은 육체적 피로뿐만 아니라 그의 희생과 고통을 의미한다. 또한, "형이 계산한다는 쪽지"는 힘든 현실에서도 노동자들이 서로의 삶을 위로하고 지탱하며 살아가는 작은 배려와 동료애의 모습을 보여준다.

  새벽 배송은 편리함과 그 이면의 무한 경쟁 시스템을 상징한다. '저녁 열 시에 출근해 다음 날 저녁 여섯 시에 퇴근'하는, 22시간 쉬지 않고 새벽 택배 알바를 하던 친구는 아침 부고로 생을 마감하였다. 사람의 육체가 시간의 노동으로 환산되고 언제든 교환 가능해진 사이, '나는 택배'가 되어버린다. 형의 죽음 이후에도 "형은 바퀴를 굴리고 있을 것이"라는 구절을 통해 단순히 개인의 사망을 넘어서 배달 노동자들이 여전히 반복되는 위험 속에서 일하고 있는 현실을 암시한다. 특히 "지역 신문에 실린" 그의 "이름 석 자"는 노동자의 익명성과 사회적 무관심을 의미하며, 이러한 비극이 사회의 구조적 문제로 연결되어 있음을 일깨워준다.

배달 노동자들이 겪는 열악한 노동 환경, 생계의 불안정성, 그리고 위험을 간과하는 사회적 무관심은 "비싼 양파 당근 감자 껍질처럼 겹겹 쌓인 고지서"(「3월 진눈깨비」)에 밀려 땀 흘리며 몇 년 불 앞을 지키던 가게를 정리한 파주 형님에게도, "사는 것도 전쟁"(「고물상」)인 고물상에서 쓰레기를 태우는 김 노인과 혼자 살아오다 고독사한 노인도 예외가 아니다.

　　도둑 든 것마냥
　　널브러진 방

　　살점이 뜯긴 돼지 저금통
　　바닥에 나뒹구는 약봉지들

　　돈이 될 만한 것은 눈을 씻고 봐도 없다

　　자식과 연을 끊고

혼자 살아온 노인

두 손 포개어 합장하듯 쥔 주민등록증
그리고
봉해진 하얀 유서

액자 속 웃는 가족들
바닥에 엎어져 조문을 한다
―「고독한 죽음」 전문

 시인은 현대 사회에서 심각해지고 있는 고독사 문제를 조명하며, 사회적 소외와 상실감 속에서 홀로 생을 마감한 한 노인의 비극적 삶을 그리고 있다. 시 속 노인은 오랫동안 가족과 단절된 채 혼자 지내왔고, "도둑 든 것마냥/널브러진 방" 바닥에 나뒹구는 약봉지와 살점이 뜯긴 돼지 저금통은 빈곤과 병고 속에서 죽어간 노인의 쓸쓸한 삶을 보여준다. "합장하듯 쥔 주민등록증"과 '봉해진 유서'는 마지막 순간까지 고독 속에서 존엄성을 지키려 했던 그의 삶을 짐작하게 한다. 간결한 언어와 담담한 어조는 노인의 고독한 삶과 죽음을 오히려 더 생생하게 드러내며 묵직한 울림을 준다. 엎어진 가족사진을 통해 그의 상실감과 소외감이 더욱 크게 다가온다.

시인은 아이부터 청년, 장년, 노인의 죽음이 단순히 개인의 비극이 아니라 빈곤과 사회적 연대의 부재에서 비롯된 것임을 일관되게 그리고 있다. 이 세상에 와서 생을 마감하는 한 존재의 고독한 죽음은 낯설거나 새로운 사회 현상이 아니다. 지금도 우리 가까운 곳에서 '하얀 유서'를 보게 된다. 시인은 악플과 루머, "양심은 사라지고 앙심만"(「저녁 뉴스」) 남은 사건들을 통해 인간관계의 단절과 무관심 속에서 이들이 겪는 비극에 대해 성찰하고 있다.

　2020년 코로나19로 "가장 익숙했던 것들이/가장 아픈 것으로" "고꾸라지고 망가지고 움츠러든"(「비상(非常)」) 시간을 보내야만 했다. 전 세계를 휩쓴 감염병은 가난한 사람들의 일상에 촘촘하게 파고들었다. 연결망이 끊어지고 유대의 정서는 다가갈 수 없는/마음의 거리"(「노을 속으로 날아가는 새 본다」)를 그으며 경계해야 할 대상으로 여겨졌다. 빠르게 퍼져나간, 보이지 않아 더 무서운 바이러스는 "단기 대출 월세 렌트 알바 학자금 실업"(「코로나19가 새치기했다」)으로 "내 집 마련은 꿈속 일"이 되어버렸다.

　코로나바이러스가 퍼지는 사이 '울음'도 함께 퍼졌다. "고시원에서 오래 산 형의 울음소리", 툭툭 터져 나오는 '울음', 비가 조금만 내려도 자꾸 울어 흥건해지는 낡은 집이 있다. 생의 돌부리에 걸려 넘어진 어른의 울음, 파양 당한 유기견들의 깨지고 부서진 울음이 여전히 지속되고 있다.

고독하고 쓸쓸하게 떠나는 현실에서 "서로가 서로의 봄"(「도서관에는 계절이 없다」)이 되는 때는 언제 올까. 겹겹이, 무수한, 끝없는 이 가난과 죽음을 어떻게 해야 할까. 비통한 자들을 위해 우리는 무엇을 해야 할까. 끝없는 질문을 대하며 시인은 집은 너무 멀리 있고 "번번이 구둣발에 채여/언덕에서 굴러떨어지지 않으려고/도망친 길에서/나를 붙드는 시시포스"(「완행열차」)를 떠올린다. 자본을 둘러싼 경쟁 이데올로기는 사람들을 끊임없이 벼랑으로 떨어뜨려 굴러떨어지게 할 것이고, 그때 우리가 할 수 있는 것은 내리 누르는 힘에도 불구하고 다시 스스로 발 딛고 서려는 용기와 의지가 필요하다. "차별 차이 갈등 격차 날갯짓으로 허물어/중심 잡아 날아보라고"(「노을 속으로 나는 새 본다」) 요청한다. 만약 "비가 너무 많이 오고 졸려서 오늘은 도저히 안 되겠습니다 내일 새벽 꼭 배송해드리겠습니다"라는 택배 기사의 잠들지 못한 문자가 올 때에도 화를 내거나 다투지 말고 괜찮다고 말해주면 좋겠다고 제안한다.

꽃병에 꽂힌 장미가

며칠 동안 방을 진한 향기로 채웠지만
날이 갈수록
잎이 축 늘어지고 시들시들
이파리는 갈색으로 변하고 향기마저 희미해지더니
바람도 없는데
꽃잎 떨어지는 순간조차 애처롭다
그만 버려야겠다 움큼 뽑는데
가시에 찔렸다
붉은 꽃잎이
손가락에서 다시 피어난다
향기를 좇고 예쁜 것만 찾았는데
최후의 순간에도
가시를 곤추세우는
저 장미처럼
끝까지 사랑할 줄 몰랐다

—「장미」 전문

  이 시는 장미를 통해 사랑과 인생의 양면성을 섬세하게 묘사하며, 피어남과 시듦, 아름다움과 고통이 공존하는 삶의 진실을 탐구한다. 시 속 장미는 처음에는 방을 진한 향기로 채우며 생기와 아름다움을 전하지만, 시간이 지나며 점차 시들어 간다. 이 시드는 모습은 사랑과 인생의 덧없음과 시간의 흐름을 상징한다. 그러다 마침내 꽃잎이 떨어지는 순간까지도 애처롭고 고독한 모습을 사랑으로 끝까지 바라보려는 화자의 연민을 담고 있다.

화자는 장미를 버리려는 순간, 장미의 가시에 손이 찔리며 피를 보게 된다. 이는 사랑이 주는 고통과 상처이며, 사랑과 삶이 결코 향기나 아름다움만이 아닌 고통을 내포하고 있음을 보여준다. "최후의 순간에도/가시를 곧추세우는/저 장미처럼/끝까지 사랑할 줄 몰랐다"는 깨달음은 화자가 자신의 사랑이 깊이 없었음을 자각하는 순간이자 사랑이 고통을 수반하는 강렬한 경험임을 시사한다. 결국 이 시는 장미의 존재를 통해 사랑과 인생이 아름다움뿐만 아니라 고통과 상처를 내포하고 있음을 드러내며 진정한 사랑의 의미에 대해 성찰하게 한다.

"코가 막혀 울어대던 어린 아들의 콧물을/입으로 쭉 빨아냈던" 아버지의 마음(「고양이 부자」)과 그런 아버지의 몸을 축축하게 닦는 화자의 마음, 첫 휴가 복귀 때 "선임들이랑 노나 먹으라고 김이 모락모락 나는 달걀 한 판때기 삶아줬"(「달걀 한 판」)던 할매의 마음 모두 가난의 무게를 견뎌내게 해준 사랑의 힘이다.

    어디로 가야 할지 모를 때
    정취암으로 간다

구불구불한 길
　　벼랑 끝에서 절을 올린다

　　괜찮다고, 고생 많았다고 토닥이는
　　관음의 묵언

　　춥고 아플 때마다
　　어머니 말씀 두 손 모아 듣는다

　　괜찮아, 니 마음 가는 데가 길이야

　　꽃 한 송이 올린다
　　　　　　　　　　　　　―「정취암」 전문

　화자는 삶의 불확실성 속에서 내면의 위로와 안식을 찾으려 발길을 내딛는다. "어디로 가야 할지 모를 때/정취암으로 간다"는 화자는 삶의 방향을 잃고 방황할 때 마음의 의지처인 '정취암'을 찾는다. 이곳은 신앙적 성소이자 내적 평안을 주는 안식처이다. 이곳에서 화자는 "벼랑 끝에서 절을 올"리는 행위를 통해 삶의 불안과 고통을 내려놓고 스스로를 정화하고자 한다. 이어지는 "괜찮다고,

고생 많았다고 토닥이는/관음의 묵언"은 소리 없이 건네는 위로이다.

  또한, 화자는 "춥고 아플 때마다/어머니 말씀 두 손 모아 듣는다". 어머니는 화자의 삶을 버티게 하는 내면의 목소리이자 지혜와 위로의 존재이다. "괜찮아, 니 마음 가는 데가 길이야"라는 말씀은 화자가 자신의 길을 찾는 데 중요한 깨달음을 준다. "꽃 한 송이 올"리며 정취암에서 얻은 평안에 응답한다. 시인은 내적 믿음과 위로를 통해 마음의 길을 찾는 여정을 섬세하게 보여주며 스스로의 길을 찾을 용기를 전해준다.

  가난에 유통기한이 없다면 사랑에도 유통기한이 없다. 끝까지 사랑할 수 있다면 다시 살아갈 생명력을 얻게 될 것이다. 시집 『가난은 유통기한이 없다』는 사회를 읽는 거울이 되어 사회적 불평등과 타자의 고통을 외면하고 있지는 않은지 되돌아보게 한다. 시인 한종훈은 가난의 시대와 그 무게를 포착한 윤리적 담지자이다. 희망을 놓지 않는 그가 있어 퍽 다행이다.

시인의 말

  두 팔을 힘껏 벌리면 현관문에서 가장 안쪽 벽이 닿을 것만 같은 집이었습니다
  그곳에서 출발한 시는 걸어걸어서 어느덧 도서관 자그마한 공간에 닿았습니다

2024년 11월
한종훈

가난은 유통기한이 없다

2024년 11월 25일 초판 1쇄 펴냄

지은이 _ 한종훈
펴낸이 _ 양문규
펴낸곳 _ 詩와에세이

신고번호 _ 제2017-000025호
주   소 _ (30021)세종특별자치시 조치원읍 충현로 159, 상가동 107-1호
대표전화 _ (044)863-7652
팩시밀리 _ 0505-116-7653
휴대전화 _ 010-5355-7565
전자우편 _ sie2005@naver.com
공 급 처 _ 한국출판협동조합
주문전화 _ (02)716-5616
팩시밀리 _ (031)944-8234~6

ⓒ한종훈, 2024
ISBN 979-11-91914-72-6 (03810)

* 지은이와 협의하여 인지는 생략합니다.
* 이 책 내용의 전부 또는 일부를 재사용하려면 반드시 지은이와
  詩와에세이 양측의 동의를 받아야 합니다.
* 책값은 뒤표지에 표시되어 있습니다.
* 이 책은 세종특별자치시와 세종시문화관광재단의 후원으로 발간되었습니다.